HORACE ET LILINE

VAUDEVILLE EN UN ACTE

PAR

M. ERNEST BLUM

Représenté pour la première fois, à Paris, sur le théâtre des DÉLASSEMENTS-COMIQUES, le 25 juin 1861

PARIS

MICHEL LÉVY FRÈRES, LIBRAIRES ÉDITEURS

RUE VIVIENNE, 2 BIS, ET BOULEVARD DES ITALIENS, 15

A LA LIBRAIRIE NOUVELLE

1862

Distribution de la pièce

FILASSE, portier.....................	MM. BOURGUIGNON.
HORACE.............................	CHARLAY.
LILINE.............................	Mlle LÉONIE.

La scène se passe à Paris.

HORACE ET LILINE

Une chambre modeste : porte au fond, fenêtre à droite, ustensiles de peintre.

SCÈNE PREMIÈRE.

HORACE, seul, peignant, regardant par la fenêtre. Allons, bon... voilà mon modèle qui se dérange... Décidément ça n'est pas commode de peindre une femme qui ne s'en doute pas... Psst! mademoiselle, tenez-vous droite... Ah! la voilà bien... Est-elle jolie comme ça!... Quelle chance j'ai eue... Moi qui depuis si longtemps cherchais un modèle pour ma Diane au bain... pour ce tableau qui doit me conduire au Panthéon, trajet direct, juste, je trouve en face de ma fenêtre une ravissante blonde, la Diane demandée... elle brode tranquillement sans se douter de rien, et moi je lui filoute son profil... Attaquons le nez... Oh! quel nez!... un vrai nez grec... (Il peint.) Eh bien! elle s'en va encore, hé! mademoiselle... (Il se met à la fenêtre.)

VOIX, au dehors. Hé!... monsieur Horace?

HORACE. Tiens! c'est le père Filasse, mon portier... Ça va bien?...

VOIX. Vous savez qu'il est onze heures.

HORACE. Eh bien, je ne m'y oppose pas...

VOIX. Vous ne déménagez donc pas?...

HORACE. Ah! sapristi! c'est vrai... il faut que je déménage... Satané tire-cordon, va... il avait bien besoin de me rappeler mes infortunes, que l'art me faisait oublier... (A la fenêtre.) Si, je déménage... je fais mes paquets...

VOIX. Dépêchez-vous...

HORACE. Oui... je m'active... Il n'y a pas de lettre pour moi?...

VOIX. Non.

HORACE, redescendant. Pas de lettre... si ça n'est pas une horreur... Décidément, je commence à croire que mon père oublie qu'il a un fils .. Il y a six semaines, il m'écrit que j'aie à donner congé, que mes études sont suffisamment complètes, et que je retourne à Pithiviers pour y contracter mariage avec une demoiselle à moi inconnue, mais qu'il déclare être la plus jolie femme de la terre et lieux circonvoisins. J'obéis en moutard soumis, me promettant de refuser, si la future n'est pas identiquement la même que dans son prospectus... Il m'annonce de l'or pour ce jourd'hui, afin de solder mon terme et mon transport dans ma patrie, et rien... pas la moindre épître chargée, et, avec ça, pas de logement retenu, pas le plus petit sou belge au gousset, et il est onze heures... Oh! les pères!... les pères!... Consolons-nous dans ma Diane au bain... Mon modèle pose à nouveau... Est-elle jolie comme ça!...

Air de *l'Apothicaire.*

Je trouve son nez ravissant,
Et, tout en peignant son visage,
Je crains fort que le sentiment
Chez moi ne se fraye un passage.
Chaque fois qu'elle m'aperçoit
Je sens une flamme nouvelle,
Et j'ai peur que ce ne soit moi
Qui pose ici pour mon modèle!

SCÈNE II.

HORACE, FILASSE *.

FILASSE. Monsieur Horace, il est onze heures et quart...

HORACE. Déjà! Sapristi, Filasse, comme vous avez une montre qui va bien!...

FILASSE. Ce n'est pas ma montre qui marche... c'est mon cœur!...

HORACE. Comment, votre cœur?...

FILASSE. Monsieur Horace, ce jour est un grand jour pour votre très-humble concierge...

HORACE. En effet, vous êtes mis comme un futur... habit noir, gants blancs... Est-ce que votre femme se marie?...

FILASSE. Non, monsieur... c'est ma fille... c'est ma Proserpine que j'unis à un homme de mon sexe... dans trois quarts d'heure; le maire en écharpe les unira pour l'éternité.

HORACE. Vous mariez Proserpine?...

FILASSE. Oui... je me sépare de mon enfant... je la remets pure et sans tache entre les mains d'un garçon liquoriste

* H. F.

qui a juré, sur ses tonneaux d'alcool, de la rendre heureuse comme une prune dans l'esprit-de-vin... Oh! monsieur Horace, quel jour!... quel jour!... ça me donne une émotion... que j'en ai le cœur barbouillé... je ne fais que boire du thé...

HORACE. Portier! soyez homme!... tous les enfants sont nés pour se marier... c'est la loi du destin...

FILASSE. Je sais bien... Oh! onze heures et demie... plus qu'un quart d'heure... Je vais reprendre du thé.

HORACE. C'est ça!

FILASSE. Mais, et vos paquets?... Vous ne déménagez donc pas?... La nouvelle locataire de votre chambre va arriver... et, à midi, vous savez, il faut que les lieux soient vidés... et que ma fille soit mariée!...

HORACE. Je les dispose... Il n'y a pas de lettre pour moi?...

FILASSE. Aucune... Ah! si... une lettre d'invitation pour le bal de ma noce... pour aller danser... C'est une gracieuseté que mon épouse vous fait...

HORACE. C'est bien aimable de sa part...

FILASSE. Danser!... ça n'est pas moi qui en ai envie.

VOIX, au dehors. Filasse?...

FILASSE, allant à la fenêtre *. L'organe de ma femme!...

VOIX. Ta fille est prête!...

FILASSE. Elle est prête?... elle a revêtu le bouquet d'oranger?... Je descends m'abreuver de son image!...

VOIX. Et puis, la nouvelle locataire arrive avec ses meubles!

HORACE, à part. Fichtre!...

FILASSE. La nouvelle locataire!... vous entendez?...

HORACE. Parfaitement!...

FILASSE. Déménagez vitement... Voilà votre quittance...

HORACE. Ma quittance?... Ça n'est pas pressé, n'est-ce pas?... Je cours chercher un commissionnaire... (A part.) Je vais à la poste voir s'il n'y a pas de lettre pour moi...

FILASSE. C'est ça!... allez... Prenez garde de chiffonner la toilette de ma fille en passant... j'ai promis de la remettre pure...

HORACE. N'ayez pas peur!... (A part.) Quelle position!...

ENSEMBLE.

Air de *la ronde du page de madame Malboroug* (F. BARBIER).

HORACE.

Cher portier,
Je cours au commissionnaire,
(A part.)
Quelle ornière!
Quel passage me frayer?
Cher portier,

* F. H.

Je reviens, bon locataire,
Vous payer, et gaîment
Déménager en un instant.

FILASSE.

Du portier,
Suivez l'avis sans mystère,
Locataire,
Il faut partir et payer!...
Sans flâner
Revenez, bon locataire,
Me payer, et gaîment
Déménager en un instant!...

SCÈNE III.

FILASSE, puis LILINE et UN COMMISSIONNAIRE, apportant un lit, un petit guéridon et un carton à chapeau de femme.

FILASSE. Ces jeunes gens, ça ne comprend rien!... Oh! Proserpine... oh! ma progéniture aimée!... puisse ton liquoriste te verser d'heureux jours!... Que je ne sois pas forcé de te remarier encore une fois... ça me ferait prendre trop de thé!...

LILINE, à la cantonade. Le concierge, s'il vous plaît?...

FILASSE. Par ici, madame, par ici.

LILINE, entrant. Là!... entrez commissionnaire!... prenez ça... Eh bien! la chambre n'est pas vide?...

FILASSE. Elle va l'être dans quinze minutes, madame... mais ça ne fait rien... mettez toujours vos affaires, il y a de la place... Votre prédécesseur n'est pas comblé de meubles... faites reculer son mobilier par ici!...

LILINE. C'est bien agréable!... Il est midi, pourtant!...

FILASSE. Pas encore... midi moins le quart!... Il a droit à une moitié de demi-heure...

LILINE, au commissionnaire. Eh bien, mettez mon lit ici... ma table là... (Allant à la fenêtre *.) Voilà la vue...

FILASSE. Très-jolie vue, n'est-ce pas?... On voit ma loge entièrement... et c'était bien plus amusant il y a quelques jours... On pouvait voir Proserpine travailler...

VOIX. Filasse, ta fille s'en va!...

FILASSE. Elle s'en va à la mairie... Oh! mon émotion... je vais prendre mon thé!...

LILINE. Dites donc, concierge?...

FILASSE. Quoi? Dites vite!... On m'attend pour une cause grave.

LILINE. Vous êtes sûr qu'on va enlever tout ça?...

FILASSE. Dans peu... soyez tranquille... Au revoir! Je vole

* L. F. le comm.

conduire mon enfant devant l'écharpe! Où donc que j'ai mis mon autre gant?... Ah!... (Il sort.)

SCÈNE IV.

LILINE, LE COMMISSIONNAIRE, puis HORACE *.

LILINE. Qu'est-ce qu'il a donc, ce portier-là?...

LE COMMISSIONNAIRE. Voilà ce que c'est, mademoiselle...

LILINE. C'est tout?...

LE COMMISSIONNAIRE. Dame! oui... il n'y avait que ça!...

LILINE. C'est bien... Tenez, voilà votre argent...

LE COMMISSIONNAIRE. Merci, mademoiselle. Je vous salue!

LILINE. Adieu, mon ami!... (Il sort. Seule.) Enfin, me voilà chez moi... avec des meubles à un autre, pourtant... C'est un peintre qui demeurait ici... Il n'a pas l'air d'avoir un grand mobilier non plus, lui!... Est-ce que j'ai bien fait d'agir ainsi?... Certainement!... on ne doit écouter que son cœur... Mon cousin me le disait toujours... Enfin, voyons, arrangeons tout ça... Où mettrai-je mon lit?...

HORACE, rentrant, à lui-même. Rien... pas de lettre!... Tiens!...

LILINE. Un monsieur!...

HORACE, à lui-même. La locataire... déjà emménagée?... (Haut.) Mademoiselle... j'ai bien l'honneur **...

LILINE, saluant. Monsieur... (A part.) C'est celui qui déménage!...

HORACE. Pardonnez-moi, mademoiselle, de ne pas vous avoir encore débarrassée de mon mobilier; mais ça ne va pas tarder... Du reste, il n'y a que demi-mal... Vous êtes emménagée entièrement, n'est-ce pas?...

LILINE. Oui, monsieur.

HORACE. Et vous avez bien fait!... Je vais faire mes paquets... (A part.) Si je sais comment sortir de là!...

LILINE. Et moi, mon lit... Si je le mettais ici?...

HORACE, vivement. Oh! je ne vous le conseille pas... c'est humide... et habité...

LILINE, essayant de le remuer. Oh! que c'est lourd!...

HORACE. Voulez-vous que je vous aide?...

LILINE. Volontiers...

HORACE. La!... voilà qui est fait!...

LILINE. Merci, monsieur!...

HORACE. Oh!... il n'y a pas... Je vais faire mes paquets... (A part.) Décidément, il faut que j'échappe à cette impasse... Elle a l'air très-doux, cette femme-là!... elle est même très-gentille!... Si j'osais lui avouer!...

* L. le comm. H.
** H. L.

LILINE. Il n'a pas l'air de beaucoup se dépêcher, ce monsieur!...

HORACE, à lui-même. Tournure ravissante!... Mais ça ne vaut pas mon profil grec!... Oh! tiens, âme de ma vie, je t'adore!... La voilà qui pose à nouveau!... Si je lui finissais le nez?...

LILINE, haut. Eh bien, monsieur?...

HORACE, travaillant. Mademoiselle?...

LILINE. Ça va, les paquets?...

HORACE. Les paquets?... Ah! oui... (Posant ses pinceaux.) Je m'y mets!...

LILINE. C'est que, voyez-vous, je suis pressée de voir quel aspect aura ma chambre.

HORACE. Je comprends ça... Quand on prend un logement, c'est le premier besoin... mais ça se passe bien vite, allez! (A part.) Voyons, un peu de toupet!... Je ne peux pas rester dans cette position... je me répugne à moi-même!... (Haut, avec éclat.) Mademoiselle!...

LILINE, effrayée. Monsieur!...

HORACE. Aimez-vous les histoires?...

LILINE. Mais... monsieur...

HORACE. Permettez-moi de vous narrer la suivante... Il tait une fois un peintre assez distingué dans son art, qui, pour quitter un logement qu'il n'abandonnait qu'à regret, à cause d'un voisinage chéri... attendait un envoi de fonds... et, nouveau Raphaël, faisait le pied de grue vainement... l'argent était en retard!... Il dissimula tant qu'il put aux yeux d'un concierge émotionné; mais le temps s'écoulait, et celle qui devait le remplacer dans son logis était déjà installée, quand le peintre susnommé n'était pas en mesure de payer le terme dû et de livrer à son successeur la chambrette en question!... Que fait le peintre en cette occurrence? Il prend son courage à deux mains, et, sûr du cœur de la nouvelle locataire, il lui adresse, dans un style éloquent, le discours suivant :

Air de *Simple soldat.*

Pauvre isolé, madame, accordez-moi
Cette faveur qu'à vos genoux j'implore :
Ah! laissez-moi vivre sous votre toit
Jusqu'à demain, à la nouvelle aurore;
Évitez-moi, madame, le chagrin
D'aller placer mon lit sur le bitume!

LILINE.

Que répond l'autre?

HORACE.

Hélas! je n'en sais rien!...

Car cet endroit juste est la fin,
C'est la fin du premier volume!...

Et l'on a peur que le second ne paraisse pas...

LILINE. Dame! c'est bien possible; car la demoiselle peut parfaitement répondre qu'elle n'a pas assez de place pour offrir l'hospitalité à un inconnu... qu'elle craint pour sa réputation... et que, le soir surtout, elle a besoin d'être seule.

HORACE. Oh! quant à ça, elle n'a rien à craindre : il s'en ira sitôt la brune venue, d'autant plus qu'il est invité à une noce, qu'il passera la nuit au bal, et, le lendemain matin, la lettre arrivera certainement... et alors il partira pour toujours!...

LILINE. Tout ça, c'est bien vrai?...

HORACE. Je le jure sur le Styx!... Et le deuxième volume...

LILINE. Il paraît...

HORACE. Oh! je demande à lire...

Même air que le précédent.

Vous êtes bonne, ah! prenez en pitié
Mon mobilier, sans aucun domicile;
Ah! répondez! faites-moi l'amitié
De rendre enfin mon esprit plus tranquille!...

LILINE.

C'est bien promis, ils partiront demain :
Comme une fois, au moins, n'est pas coutume!
Trop indulgente, et le cœur sur la main,
La locataire à son tour dit :

HORACE.

Eh bien?

LILINE.

Dit oui dans le second volume,
Oui! forme le second volume!

HORACE. Oh! vous êtes un ange!... Vous avez compris?...

LILINE. Parfaitement.

HORACE. Alors, vous m'accordez la permission de laisser mes meubles où ils sont jusqu'à demain? Oh! vous m'obligez... non, vrai, vous m'obligez extraordinairement!

LILINE. Si extraordinairement que ça?...

HORACE. Du reste, je ne veux vous gêner en rien. (Il va prendre un morceau de craie et fait une raie au milieu du théâtre pour séparer la chambre en deux.)

LILINE. Qu'est-ce que vous faites donc?...

HORACE. Je sépare nos appartements... Voilà votre chambre et voici la mienne!...

LILINE, riant. Oh! à quoi ça sert-il?...

HORACE. A quoi?... à beaucoup!... Comme ça, nous serons

chacun chez nous, et je ne vous ennuierai pas pendant que je vais travailler...

LILINE. Vous faites donc un tableau dans ce moment-ci? Voyons?...

HORACE. Allons, bon! voilà que vous entrez chez moi!...

LILINE, riant. Tiens! c'est vrai!...

HORACE. Du reste, il n'y a pas de mal, et chaque fois que vous voudrez y venir, vous serez bien reçue...

LILINE, regardant le tableau. C'est ça que vous faites?... Qu'est-ce que c'est?...

HORACE, imitant le bateleur en montrant le tableau avec sa baguette; très-vite. Une Diane au bain!... Ceci vous représente une Diane chasseresse se plongeant avec délices dans le courant d'une onde pure. Au fond, vous apercevez le sieur Actéon, qui a l'imprudence de regarder, à travers les arbres, l'opération de la belle Diane!... Admirez comment il est puni de sa curiosité, à l'instar de la femme de Barbe-Bleue!... Voyez les cornes qui lui poussent sur l'occiput, et qui font supposer qu'avant cinq minutes il sera complétement métamorphosé en cerf!...

LILINE. Ah! oui, l'histoire des cornes... j'en ai entendu parler.

HORACE. Par des maris?...

LILINE. Mais il lui manque le nez, à votre femme?...

HORACE. Certainement qu'il lui manque, mais je l'ai là, sous la main... et tenez, le voyez-vous?...

LILINE. Quoi?...

HORACE. Mon nez... là-bas... cette femme à la fenêtre!...

LILINE, regardant. Ah! oui, la rousse?...

HORACE. Rousse?... jamais!... blonde... d'un blond éclatant, comme Phébé!... Est-elle jolie!...

LILINE. Oui, elle n'est pas mal, mais je lui trouve l'air bête...

HORACE. L'air bête?... N'en crois pas un mot, charmant profil grec!... tu es adorable, et je t'aime!...

LILINE. Vous l'aimez?... alors, c'est pour ça que vous tenez tant à rester ici!...

HORACE. Oui, belle voisine, c'est une des causes du roman de tout à l'heure!...

LILINE. Vous avez bien choisi, du reste; l'amour, ça ne se commande pas! Moi, j'aime bien un cousin qui est bancal!

HORACE. Bancal?... Un monsieur qui compte : une, deux!...

LILINE. Mais il est si aimable, si spirituel, mon cousin Anasthase!... il joue de la flûte comme M. Musard... et devine tous les rébus de *l'Illustration!*...

HORACE. C'est un boiteux de choix, et vous allez probablement l'épouser?...

LILINE. Je le voudrais, mais ma tante s'y oppose!... On m'avait envoyée à Paris, chez une dame de nos amies, pour y apprendre la broderie, et puis, il y a quelque temps, ma tante m'a fait revenir près d'elle sans rien me dire... c'était pour me faire épouser un monsieur que je ne connais pas, et qui est, à ce qu'on dit, le plus grand mauvais sujet de la terre... et j'ai refusé!... Comme ma tante insistait, je me suis sauvée et je suis revenue à Paris, chez cette dame.

HORACE. Fichtre! voilà de la constance, ou je ne m'y connais pas!...

LILINE. Mais cette dame avait donné ma chambre à une autre, il a fallu en chercher une, et j'ai loué celle-ci, parce qu'elle est tout près du magasin, et voilà!...

HORACE. Voilà!...

LILINE. Je vais travailler ici, et j'aime mieux ça que d'être au comptoir!... il y vient un tas de messieurs qui vous disent des bêtises... que c'en est désagréable à la fin... ça n'est pas comme mon cousin Anasthase!...

HORACE. Ah! oui, le cousin Anasthase. Je me disais aussi... mais qu'est-ce que vous faites donc, dans tout ça, du cousin Anasthase?...

LILINE. Lui qui est si réservé... si timide!...

HORACE. Je crois bien!... un homme qui joue de la flûte!...

LILINE. Mais je cause là, et la brune va arriver!... vous n'aurez pas le temps de faire votre nez!

HORACE. C'est juste!... je cours me livrer à mon aquilin... (Il va travailler.)

LILINE. Pendant ce temps-là, je vais ranger mes affaires...

HORACE. Dites donc, voisine?...

LILINE. Mon voisin?...

HORACE. Vous savez que ma position est identiquement pareille à la vôtre?...

LILINE. Bah!...

HORACE. On veut me marier aussi... à une demoiselle que j'ignore!...

LILINE. Faut pas le faire!...

HORACE. Je crois bien!... Je n'aime que mon modèle!... Ah! si c'était celle-là qu'on me destinât?...

LILINE. Vous diriez oui tout de suite, n'est-ce pas?...

HORACE. Et dans toutes les langues, encore!... oui!... yès!... ya!... si!... (Avec explosion. Se levant.) Tenez, ma voisine, voulez-vous faire un serment ensemble pendant que nous y sommes?...

LILINE. Quel serment?...

HORACE. Celui de n'épouser que celui et celle que nous aimons!...

LILINE. Il y a longtemps que je l'ai fait!...

HORACE. Ça ne fait pas de mal de le répéter... au contraire, ça le consolide!... Jurons sur tous les amours malheureux... sur tous les mariages désassortis, que vous épouserez votre cousin Anasthase le boiteux, et que jamais vous ne consentirez à vous unir à ce monsieur qu'on veut vous imposer... à ce mauvais sujet, à ce vaurien qui a l'audace de vouloir vous enlever à Anasthase le bancal !...

LILINE. Je le jure!...

HORACE. Et moi, je prends Cupidon à témoin que jamais je n'aurai d'autre compagne que mon modèle, et que je refuserai jusqu'au trépas cette mijaurée, cette provinciale bégueule dont on veut m'affubler!...

LILINE. C'est ça!...

HORACE. Je le jure!...

LILINE. Nous le jurons!...

ENSEMBLE.

Air : *Ronde des dames de la halle* (OFFENBACH).

HORACE.

Jurons, jurons d'être fidèle
Chacun à ce nouveau destin.

LILINE.

Oui, jurons jusqu'à la fin
D'observer ce doux dessein!...

HORACE.

Moi, j'épouserai mon modèle.

LILINE.

Moi, j'épouserai mon cousin,
Car avec lui, c'est certain,
Tous envieront mon destin.

HORACE.

Jurons, jurons que sans faiblesse,
N'écoutant que notre tendresse,
Jamais, en constants amoureux,
Jamais nous n'épouserons qu'eux!...

LILINE.

Recevez-en mon serment!

HORACE.

Recevez le mien égal'ment.
Si chaque amoureux, dans la vie,
Déployait semblable énergie,
L'amour éviterait plus d'une tromperie.

REPRISE ENSEMBLE.

Si chaque amoureux, etc.

LILINE. La!... maintenant, allez finir votre nez...

HORACE. J'y vole!...

LILINE. Tiens! mais il doit être tard... si je déjeunais, moi!

HORACE, *à part.* Déjeuner!... hum!... Et moi qui ai encore trois sous... dont un douteux!...

LILINE. Ah çà, qu'est-ce qu'il me reste donc à manger?...

HORACE, *à part.* Jamais on ne me donnera des truffes pour trois sous, dont un douteux!...

LILINE. Où donc que j'ai mis tout ça?... Ah! dans mon carton à chapeau!...

HORACE. Vous mettez votre nourriture dans un carton à chapeau?

LILINE. Ça se conserve mieux... (*Sortant les provisions.*) Du pâté, du fromage de Brie, du pain et du coco!... Je vais faire un vrai festin de Balthazar!... (*Elle met son couvert.*) Et vous, mon voisin, vous ne déjeunez pas?...

HORACE. Moi? si; mais j'ai si peu d'appétit!... L'art, voyez-vous, ça nourrit!...

LILINE. Oh! bien, moi, le travail, ça ne m'empêche pas de manger, au contraire!...

HORACE. Au fait, vous avez raison!... Voyons ce que j'ai, moi!... (*Il va fouiller dans un casque qui est sous un meuble.*) Ça ne doit pas être rempli d'ortolans!...

LILINE. Tiens! vous mettez votre garde-manger dans un casque, vous!...

HORACE. C'est un casque de famille... ça tient la nourriture fraîche... Tiens! il me reste un hareng!...

LILINE. Du hareng salé?...

HORACE. Dame! oui... je ne crois pas que ce soit un hareng frais!... Ah!... et deux cure-dents!...

LILINE. C'est bon, le hareng salé!...

HORACE. Vous aimez ça, vous?...

LILINE. Je crois bien!... j'en mange tous les jours!...

HORACE. Voulez-vous partager avec moi?...

LILINE. Oh! non... je ne veux pas vous en priver!...

HORACE. Oh! ça ne me prive pas, allez! (*Le humant.*) Hum!... je crois bien qu'il est salé!...

LILINE. Dites donc, voisin, une idée!...

HORACE. Parlez...

LILINE. Donnez-moi un peu de votre hareng, je vous donnerai de mon pâté...

HORACE. Fichtre!... donner du hareng salé... pour du pâté!... Est-il au foie gras, seulement?...

LILINE. Certainement.

HORACE. C'est qu'autrement, voyez-vous...

LILINE. Et puis, j'ai du Brie!... du vrai fromage! .. Eh bien, ça vous va-t-il?...

HORACE. Du moment que vous avez du Brie... ça me décide!... Je n'ai jamais résisté à ce dessert...

LILINE. Apportez votre hareng et venez vous mettre là...

HORACE. Chez vous?... Jamais!... Placez la table ici, tenez, sur la lisière de nos propriétés; comme ça, nous serons chacun chez nous...

LILINE. Ça m'est égal! (Elle place la table sur la raie.)

HORACE. Voilà mon plat...

LILINE. Quel joli couvert, hein!...

HORACE. Ça tire l'œil!

LILINE. A table, alors!...

HORACE. A table!...

ENSEMBLE.

Air de *Margot*.

A table! à table, enfin!
Que la gaieté préside
A ce repas splendide,
A ce noble festin.

HORACE.

Quel beau couvert! on dirait, je parie,
Qu'il fut pour moi préparé tout exprès!
Pâté, pain frais et fromage de Brie!
Quand ce hareng f'rait à lui seul les frais!

REPRISE DE L'ENSEMBLE.

Savez-vous qu'il est très-bon, votre pâté!...

LILINE. N'est-ce pas?... Et votre hareng, donc... ça m'emporte la bouche!

HORACE. Alors, comme ça, voisine, c'est bien convenu : alliance entre nous, offensive et défensive, pour n'épouser que nos objets aimés?...

LILINE. C'est juré!...

HORACE. Moi, demain, si je reçois une lettre, je pars annoncer ma décision à l'auteur de mes jours... et je reviens à Paris remener ma vie d'artiste et faire la cour à mon modèle!

LILINE. C'est ça!...

HORACE. Passez-moi du pâté...

LILINE. Voilà!...

HORACE. Vous me laisserez quelquefois venir la regarder de votre fenêtre?...

LILINE. Certainement.

HORACE. Je vous ferai votre portrait pour la peine...

LILINE. C'est ça... je le donnerai à Anasthase!...

HORACE. Sitôt mon retour, j'accours ici près de ma camarade; car vous êtes ma camarade!

LILINE. Mais oui...

HORACE. Passez-moi du pâté... Ah çà, dites donc, au fait, voisine, comment vous appelez-vous?

LILINE. Ah! oui... et vous?...

HORACE. Moi, je m'appelle Horace, de mon petit nom...

LILINE. Tiens!...

HORACE. Et Beauregard de celui de mes ancêtres.

LILINE. Comment! vous vous appelez Horace Beauregard, de Pithiviers?

HORACE. Oui... Vous me connaissez?

LILINE. Eh bien, elle est forte, celle-là!... Moi, je m'appelle Liline Durand!

HORACE. De Pithiviers aussi?

LILINE. Mais oui!...

HORACE. Oh! mais alors, vous êtes ma future!

LILINE. Et vous mon fiancé!... (Ils se regardent un instant sans rien dire, puis partent tout à coup d'un immense éclat de rire.) Ah! ah! ah! ah!

HORACE. En voilà une qui est forte! Ah! ah! ah! j'en rirai toute ma vie!

LILINE. Ça, c'est curieux... juste!... Ah! ah! ah! quelle rencontre bizarre.

HORACE. Ça ne se voit que dans les mélodrames, ces choses-là... Comment, vous êtes celle qu'on voulait me faire épouser?...

LILINE. Oui, je suis la mijaurée, la provinciale bégueule!...

HORACE. Et moi, le mauvais sujet, le vaurien!...

LILINE. Eh bien, oui!...

HORACE. Comment, oui?...

LILINE. Non, je veux dire. Mais, est-ce assez heureux pourtant!... maintenant que nous nous connaissons, nous pourrons nous refuser plus facilement.

HORACE. Vous êtes gentille, vous!

LILINE. Dame! je crois que le serment tient toujours!...

HORACE. C'est comme vous voudrez!...

LILINE. Je l'espère bien... et il faut même le répéter plus que jamais, au contraire!...

HORACE. Vous y tenez?...

LILINE. Certainement!...

HORACE. Ah! bien, au fait, vous avez raison!... Allons!... en reprise le serment, et avec ensemble, si c'est possible...

Même air : *les Dames de la halle.*

LILINE.

Malgré la rencontre nouvelle
Qui nous arrive ce matin,
Restons dans notre dessein
Stoïques comme un Romain!

HORACE.

Je m'en tiens donc à mon modèle!...

LILINE.

Je m'en tiens donc à mon cousin;
Car avec lui, c'est certain,
Tous envieront mon destin.

HORACE.

Jurons, jurons, que, sans faiblesse,
N'écoutant que notre tendresse,
Jamais, en constants amoureux,
Jamais nous n'épouserons qu'eux.

LILINE.

J'en renouvelle le serment.

HORACE.

Bis pour le mien également.

LILINE.

Si chaque amoureux, dans la vie,
Déployait semblable énergie,
L'amour éviterait plus d'une tromperie!...

REPRISE ENSEMBLE.

LILINE. Écoutez! franchement, je n'en reviens pas!...

HORACE. Ni moi non plus!

LILINE. Enfin, je pourrai épouser Anasthase!...

HORACE. Et moi me livrer complétement à mon modèle... Quelle joie!... quelle chance!... Le père ne pourra pas crier, ça n'est pas moi qui refuse!...

LILINE. C'est vrai!...

HORACE. J'ai envie de lui écrire ça tout de suite... Non, j'aime mieux aller le voir... j'en reviendrai avec quelques espèces... et alors, à mon retour, pour la peine, je vous procurerai des plaisirs sans fin... je vous mènerai au spectacle!...

LILINE. Ah! oui... à l'Ambigu, n'est-ce pas?...

HORACE. A l'Ambigu, soit!... Nous nous livrerons à une joie désordonnée, nous ferons la vie de garçon, quoi!... Nous sommes libres, théâtres, concerts... bals... Aimez-vous le bal?...

LILINE. Je crois bien! je n'y vais jamais!...

HORACE. Jamais?... Alors, vous ne connaissez pas Mabille, le Château des Fleurs, Musard?

LILINE. Pas du tout!

HORACE. Vous ne connaissez pas tout ça?... Oh! comme vous êtes arriérée pour votre âge! Mabille! peut-on ne pas avoir vu Mabille!... Mais c'est un séjour enchanté... un endroit céleste... c'est l'entrepôt de tous les plaisirs de ce monde!... Dansez-vous?

LILINE. Ah! ça, oui!

HORACE. Alors, nous irons à Mabille, nous irons y valser, y polker, y scottiser!... La danse, pristi!

CHORALE.

Air : *Scottisch de Camille Michel.*

Mabille, enfant,
Je vous le jure,
Est un endroit, vraiment
Charmant,
Éblouissant,
Rempli de gaz et de verdure,
Dont la gaieté
Est, sans fierté,
La déité.

Dans ce séjour,
Palais d'amour,
Tous les bosquets
Touffus, coquets,
Semblent vous dire,
Dans leur délire,
Ces mots si doux :
Amusez-vous !

REPRISE ENSEMBLE.

Mabille, enfant, etc.

Air : *Quadrille de Mangeant* (MA NIÈCE ET MON OURS).

A présent, le quadrille commence,
Chacun apprête ses jarrets,
Et plein de vigueur on s'élance
A la recherche du succès,
Récoltant des bravos complets
Dont sont généreux les Français.
Allez donc !
Sans leçon !
Du quadrille,
Danse de famille ;
Les ébats
Entrechats,
Se devinent, et ne s'apprennent pas !...
Non ! non ! non ! [illegible] s'apprend pas !...

SCÈNE V.

LES MÊMES, FILASSE *.

FILASSE, entrant pendant qu'ils dansent. Que vois-je !

HORACE. Oh ! le père Filasse !... En avant deux ! (Ils l'entraînent en dansant sur la reprise de l'ensemble.)

FILASSE, se débattant. Laissez-moi donc tranquille, vous voyez bien que j'ai des émotions ! (Après l'ensemble, ils s'asseyent tous deux essoufflés.)

FILASSE. Si ça n'est pas une infamie de chiffonner un homme plein de thé!... un père qui ne se tient plus, tant il est ému !

HORACE. Qu'est-ce que vous avez donc?

FILASSE. Ce que j'ai?... J'ai que c'est fini... tout à fait fini... elle est à lui pour toujours... M. le maire l'a consacré, elle a dit le mot sacramentel !

HORACE. Vraiment?

FILASSE.

Air : *Tourbillon* (ESCARCELLE D'OR) ou *Pas du Zéphyr.*

Ma fille a dit : Oui;
Derrière elle enfoui,
Moi, presqu'évanoui,
J'étais épanoui.
Le maire, ébloui,
De son air réjoui
A dit : C'est inouï
Comme elle a bien dit : Oui !...
Mais voyez, pourtant,
Dans le commencement,
Je croyais, hélas!
Qu'elle n'oserait pas.
Pour la remplacer,
J'allais le prononcer;
Déjà doucement
J'apprêtais le mot, quand
Ma fille a dit : Oui, etc.

HORACE. Recevez mes félicitations!

FILASSE. Merci ! mais ce n'est pas pour ça que je suis monté. Pourquoi donc suis-je monté, au fait?

HORACE. Oui, pourquoi êtes-vous monté?

FILASSE. Ah !... Vous ne déménagez donc pas?... Voilà votre quittance.

* L. F. H.

HORACE. Acquittée?

FILASSE. Non... à payer!

HORACE. C'est bien, je ne suis pas encore parti... Et alors, comme ça, c'est fini?...

FILASSE. Hélas! oui... Proserpine a dormi cette nuit sous mon toit paternel pour la dernière fois; on va dîner tout à l'heure, il faut que j'y aille... mais je n'ai pas faim, allez!...

HORACE. Je comprends ça.

FILASSE. J'ai demandé au restaurateur s'il voulait me donner ma part en thé.

HORACE. Ah! oui...

FILASSE. Il ma ri au nez en m'appelant farceur!...

HORACE. Dame!... vous lui faites des calembours!

UNE VOIX, au dehors. Filasse!...

FILASSE. Ah! mon épouse...

LA VOIX. Ta fille va à la nourriture...

FILASSE. Je cours l'y conduire... je veux veiller sur son estomac; à propos, vous savez qu'on vous attend après le dîner... on donne un petit concert, et on voudrait vous entendre, vous qui avez une jolie voix... Vous viendrez?...

HORACE. Comment donc!...

FILASSE. C'est encore une gracieuseté de mon épouse... moi, je ne voulais pas... je disais: « Il va chanter quelque chose d'à propos, et ça émotionnera Proserpine. » Mais mon épouse le veut...

HORACE. Alors, puisqu'elle le veut, comptez sur moi...

FILASSE. Après ça, le bal. Ah!... faites attention à danser avec circonspection; autrement, ma femme vous arracherait les cheveux.

HORACE. Soyez tranquille, on connaît son monde.

FILASSE. Très-bien; à tout à l'heure, n'est-ce pas?

HORACE. C'est entendu.

Air d'*Orphée* (COUPLETS A JUPIN).

FILASSE.

Allons, je vais à la bombance,
Sans goût.
(A Horace.)
Bientôt on vous verra...
Mais pour mon bal, de la décence.

HORACE.

Voici comment on dansera,
(Dansant en homme du monde.)
Ah! ah! ah! ah! ah! ah!
Est-ce bien ainsi?
Aimez-vous cette danse-ci?

Est-ce bien ainsi ?
(Vivement.)
Ou préférez-vous celle-ci ?

REPRISE.

(Ils repartent sur la reprise, et poussent Filasse, qui sort scandalisé.)

SCÈNE VI.

HORACE, LILINE *.

(Ils tombent en riant chacun sur une chaise.)

HORACE. Ah ! ah ! ah !

LILINE. Ce pauvre portier !

HORACE. Je n'en peux plus !

LILINE. Je n'ai jamais tant dansé de ma vie !

HORACE. Hein ? n'est-ce pas que c'est plus amusant que de se marier ?

LILINE. Je crois bien **!... Mais voilà longtemps que je flane... et j'ai de l'ouvrage à terminer... Madame va me gronder, pour sûr !

HORACE. Vous allez travailler ?

LILINE. Oui, et vous ?

HORACE. Moi, je vais m'habiller.

LILINE. Vous y allez donc ?

HORACE. Certainement... ça m'amusera. Il doit y avoir de bonnes têtes !... Et puis, est-ce qu'il ne faut pas que je m'en aille ?

LILINE. C'est juste ! la nuit va arriver.

HORACE, s'habillant. Où donc que j'ai mis mon habit ?... Ah ! le voilà !... Pristi ! comme il aurait besoin d'un remplaçant !

LILINE. Vous vous habillez ici ?

HORACE. Oh ! n'ayez pas peur ! Je vais mettre un col, voilà toute ma toilette.

LILINE, travaillant. Ça doit faire une bien drôle de noce !

HORACE. Je vous en réponds !... Comme ça, mademoiselle Liline, vous étiez ma future ?

LILINE. Mais oui !

HORACE. Comme votre cousin Anasthase va être content, quand il va savoir que vous êtes libre !

LILINE. Je crois bien !

HORACE. Ah ! mon modèle est à la fenêtre... O amour, que je t'aime donc, va !... Allons, bon ! voilà mon bouton de chemise parti !... pas moyen de mettre mon col !

LILINE. Voulez-vous que je vous le recouse ?

* L. H.
** H. L.

HORACE. Comment! vous auriez cette bonté?... Oh! en qualité d'anciens futurs!... (Il se met à genoux devant elle.) Tenez... là!... (Il indique le col.)

LILINE. Quels brise-tout que ces garçons! (Elle coud.)

HORACE. Décidément, vous êtes une très-gentille petite femme, vous!

LILINE. N'est-ce pas?

HORACE. Tiens!...

LILINE. Quoi?...

HORACE. Mais, je n'avais pas remarqué; vous avez de jolis yeux... oh! les jolis yeux!

LILINE. Vous trouvez?

HORACE. Ils sont grands comme des tambours-majors... et avec une expression!... Ouvrez-les donc, pour voir!

LILINE. Tenez-vous donc tranquille... vous allez vous faire piquer!

HORACE. Qu'est-ce que ça me fait, je ne suis pas rasé... Oh! mais! c'est qu'ils sont très-jolis!

LILINE, riant. Êtes-vous drôle, allez!

HORACE. Oh! et ces dents!... Sapristi! les magnifiques dents!... Riez donc un peu, s'il vous plaît?

LILINE. Laissez donc!

HORACE. Et la main!... Dieu, la jolie petite main!... Donnez voir, que je l'embrasse!... Aïe!

LILINE. C'est bien fait! je vous ai piqué!... Voilà ce que c'est que de bouger toujours!

HORACE. C'est fini?

LILINE. Oui.

HORACE. Et quelle taille de guêpe!... Ah çà, mais, où donc que j'avais l'esprit, moi?... Mais vous êtes charmante!

LILINE. Ah çà! vous n'avez pas terminé vos plaisanteries?

HORACE. Oh! mais, mais... Ah! mais, Liline!...

LILINE. Monsieur Horace!...

HORACE. Le cousin Anasthase est un garçon de goût... vous êtes tout bonnement ravissante!

LILINE. Voilà que vous me dites des bêtises comme les demoiselles du magasin, vous... Voyons, mettez votre habit et allez-vous-en!

HORACE. Mais, Liline, j'étais donc fou, tout à l'heure!

LILINE. Pas du tout! vous étiez plus raisonnable qu'à présent!

HORACE. Mais non, mais non! je n'avais pas la tête à moi!... Jolie, gaie, bon cœur, un charmant caractère!... Ah mais!... (La nuit vient peu à peu.)

LILINE. Vous en allez-vous, à la fin?... Voilà le jour qui tombe!

HORACE, mettant son col. Voulez-vous me permettre de remettre mon col, Liline?... Je ne sais pas ce que ça veut dire, mais depuis qu'il fait nuit, je commence à voir clair!

LILINE. Monsieur Horace, si vous me parlez encore comme ça, je vais m'en aller!

HORACE. Vous en aller?... Fichtre! je me tais... je me renferme dans une douleur muette... je mets ma cravate!

LILINE. C'est vrai! il va falloir que je me fâche, à présent; comme c'est amusant!

HORACE. Je ne dis plus rien. (Silence.) Hum!... Eh bien!...

LILINE. Quoi?

HORACE. Montrez-moi vos dents!

LILINE. Encore!

HORACE. Non!... Écoutez, la, sérieusement, je vous trouve très-jolie!

LILINE. Voilà que vous recommencez, je m'en vais!

HORACE. Non... restez... c'est moi qui m'en vais... je vais chanter... Adieu, mademoiselle Liline!

LILINE. Adieu, monsieur!

HORACE. Je vais à la noce!

LILINE. C'est bien.

HORACE. Je reviendrai demain matin chercher mes affaires!

LILINE. Comme vous voudrez.

HORACE. Au revoir!... (Revenant.) Vous voyez, je suis sage!

LILINE. Vous faites bien.

HORACE. A demain!

LILINE. A demain!

HORACE. Sérieusement, vous êtes très-jolie!

LILINE. Vous en allez-vous, à la fin!

HORACE. Voilà. (A part.) Mais j'étais plus bête que mon portier!

LILINE. Eh bien?

HORACE. Au revoir... à demain!

LILINE. A demain! (Horace sort.)

SCÈNE VII.

LILINE, seule. Le voilà parti... tant mieux!... C'est vrai, depuis deux minutes, à tout ce qu'il vient de me dire... je ne sais pas pourquoi, mais ça me rendait toute pensive!... J'étais presque contente en dedans... Heureusement que c'était en dedans... et qu'il ne l'a pas vu... Eh bien, merci... Que dirait mon cousin Anasthase, s'il savait que j'ai eu de l'émotion comme ça?

SCÈNE VIII.

LILINE, HORACE *.

HORACE, à la porte. Mademoiselle Liline?...

LILINE. Hein ?... Comment! encore vous ?

HORACE. Oui !... il est encore parti.

LILINE. Qui ?

HORACE. Le bouton!

LILINE. Eh bien?

HORACE. Recousez-le-moi.

LILINE. Oh!... il n'y a pas de danger **!

HORACE. Je ne peux pourtant pas aller dans un bal sans cravate !

LILINE. Ça m'est égal!

HORACE. Vous m'en voulez?

LILINE. Oui.

HORACE. De quoi donc ?

LILINE. Dame! vous êtes là à me dire un tas de choses...

HORACE. Un tas de choses que je pensais.

LILINE. Oh! que vous pensiez!

HORACE. Je les pensais, parole d'honneur!

LILINE. Oh!

HORACE. D'ailleurs, vous auriez tort de m'en vouloir... N'avons-nous pas été fiancés?

LILINE. Oui, mais nous avons juré de n'épouser, moi, qu'Anasthase, et vous, que votre modèle. Allez dire ça à votre modèle.

HORACE. Mon modèle... mon modèle... j'en ai déjà assez du profil grec!... Je n'aime pas les rousses, d'abord!

LILINE. Oh ! elle n'est pas rousse, elle est blonde, d'un blond ravissant, comme Phébé, c'est vous qui l'avez dit!

HORACE. Je l'ai dit... je l'ai dit!... Et puis elle a l'air bête!

LILINE. Ça n'est pas vrai, vous l'avez dit aussi!

HORACE. C'est possible, mais elle est loin de vous valoir... d'égaler ces beaux yeux, ces belles dents, cette aisance, cette gaieté charmante que vous avez si bien!

LILINE. Monsieur Horace!

HORACE. Eh bien, quoi?... Vous ne pouvez pas m'empêcher de vous dire tout ça; vous ne pouvez pas me forcer à fermer les yeux toute la vie!... Liline, je vous trouve adorable!... Liline, depuis une seconde, vous m'avez enflammé... Liline, révoquons notre serment!

LILINE. Jamais!... Et mon cousin Anasthase?...

* L. H.
** H. L.

HORACE. Votre Anasthase! un brutal, un être qui a dû être coucou dans sa jeunesse; vous ne l'aimez pas, vous ne pouvez pas l'aimer!... Oh!... Liline!

Air de *Lauzun*.

HORACE.
Mon bonheur, à vous admirer,
Depuis un moment est extrême!
Ah! laissez-moi vous adorer.
LILINE.
Taisez-vous!...
HORACE.
Non, car je vous aime!...
J'agis bien en le déclarant,
Car, cet amour qui le consume,
Devait, de notre doux roman,
Etre le troisième volume.
Mon amour doit certainement
Être le troisième volume.

Eh bien?... la réponse... l'autre volume?

SCÈNE IX.

LES MÊMES, FILASSE *.

FILASSE. Monsieur Horace?...

HORACE, à part. L'imbécile!...

LILINE, à part. Le portier! Il arrive à propros!...

FILASSE. Monsieur Horace, le dîner s'avance... je me suis en allé au milieu... Le mari de Proserpine l'a embrassée... ça m'a donné un coup que j'en suis accouru ici. Tenez, je vous monte une lettre pour vous.

HORACE. Ah! la lettre de mon père. (Lisant.) Il m'envoie de l'argent, et il m'annonce votre fuite... Que faut-il lui répondre?

FILASSE. Il n'est pas tard; la nuit n'est pas encore venue; heureusement, mon Dieu! y aurait-il assez de thé chez nous pour ce soir?...

HORACE. Eh bien, Liline?...

LILINE. Dame!... je ne sais pas, moi! vous aviez dit que vous iriez lui porter votre réponse vous-même...

HORACE. Oui, j'irai à Pithiviers... et vous?...

LILINE. Dame! moi, j'ai bien envie d'y aller aussi voir ma tante, qui doit être dans une inquiétude!...

HORACE. Vous y allez aussi... Oh! Liline!... Liline!...

* L. E., au fond; H.

FILASSE. Ah çà! qu'est-ce qu'ils ont donc aussi, eux?... Est-ce que ça les émotionne aussi?...

HORACE. Nous partons ce soir, n'est-ce pas?...

LILINE. Non pas!... je ne pars que demain, moi!...

HORACE. Moi aussi! Alors, vous m'acceptez pour votre compagnon de route?...

LILINE. Je vous ai bien accepté pour compagnon de logement.

HORACE. Et une fois là-bas?...

LILINE. Oh! une fois là-bas, nous verrons!...

HORACE. Nous verrons le quatrième volume... le chapitre du dénoûment!...

LILINE. Dame!... il faut bien que tous les romans en aient un.

HORACE. Oh! vous êtes un ange!... N'est-ce pas, Filasse, qu'elle est un ange?

FILASSE. Proserpine, je crois bien, mais maintenant, c'est un ange en liqueurs!

LILINE. A présent, vous allez vous en aller, n'est-ce pas?...

HORACE. Oui, je vais à la noce de Filasse...

FILASSE. C'est ça! venez, vous me soutiendrez au grand moment!...

HORACE. Mais je reviendrai demain pour vous chercher...

LILINE. C'est ça!... A demain, alors!...

HORACE. A demain!...

ENSEMBLE.

Air de *Koukouli* (MANGEANT).

HORACE.

A demain, (*bis*)
Et soudain
Je reviens
Chercher ma Liline
Divine.
A demain, (*bis*)
Sort divin,
Beau destin,
Mon Dieu! que ne suis-je à demain,
A demain!

REPRISE ENSEMBLE.

LILINE. Eh bien? (Horace et Filasse ont chanté ensemble à la porte.)

HORACE. Quoi?...

LILINE. Vous oubliez de...

HORACE. De vous embrasser?...

LILINE. Non, mais... (Montrant le public.)

HORACE. Oh!...

Air du *Piége*.

Pardon, messieurs, j'oubliais de venir
Solliciter de votre bienveillance
Quelques bravos, comme pour applaudir
A notre bonheur qui commence.
Faites, messieurs, qu'en comblant nos souhaits,
Notre union pour toujours soit joyeuse,
Que notre auteur ait un petit succès!

FILASSE.

Et que Proserpine soit heureuse!

REPRISE DE L'ENSEMBLE.

A demain, etc.

(Ils sortent.)

FIN.

LAGNY. — Typographie de A. VARIGAULT.

www.ingramcontent.com/pod-product-compliance
Lightning Source LLC
LaVergne TN
LVHW010250230826
846091LV00007B/2895

* 9 7 8 2 3 2 9 4 1 1 2 9 3 *